Mes Menus Weight Watchers à composer

Ce livre et divisé en trois sections - Entrées, Plats et Desserts -, ce qui vous permettra de composer vos menus en fonction de vos critères de choix et de visualiser ce que vous allez déguster.

Avec ces 90 recettes, vous allez pouvoir composer plus de 27 000 menus, vraiment de quoi vous faire plaisir et varier vos repas autant que vous le souhaitez.

Composez à volonté !

CONSEIL

Comment utiliser ce livre de recettes ?

Comme un livre de recettes classique en faisant la recette qui vous a séduit. Ou en l'utilisant pour établir des menus au choix Entrée + plat + dessert ou entrée + plat ou encore plat + dessert.

Les recettes sont présentées en trois parties : entrées suivies des plats et des desserts.

Quand vous composez vos menus, gardez toujours en tête vos atouts de la forme, équilibrez votre menu autant que possible et n'hésitez pas à découvrir de nouvelles saveurs.

Tous les plats vous donnent un repas équilibré avec féculent, légumes, laitage, protéines et bien sûr matière grasse végétale.

Nous vous rappelons que toutes les recettes ont également des repères supplémentaires pour vous aider dans vos choix :

À emporter Rapide Végétarienne.

Pour les abonnés Weight Watchers, retrouvez les SmartPoints® des recettes sur votre site abonnés : weightwatchers.fr et sur l'appli WW mobile.

Le marché

- 2 pamplemousses
- 2 oranges
- 1 citron
- 3 CS de vinaigre de vin
- 8 cc d'huile d'olive
- 1 laitue iceberg
- 80 g de saumon fumé
- Sel, poivre

65

Le marché

- 480 g d'ailes de raie
- 200 g de tomates cerises
- 3 CS d'huile
- 1 bouquet de basilic
- 1 citron
- 1 gousse d'ail
- 2 CS de câpres
- 140 g de pâtes
- Sel, poivre

65

Le marché

- 3 jaunes d'œufs
- 4 CS de farine (80 g)
- 1 yaourt nature à 0 %
- 240 g de ricotta
- 2 CS d'édulcorant de cuisson
- 1 sachet de sucre vanillé
- 2 pommes

65

Fruit de la Passion

Galette de maïs

Groseille

Herbes

Kiwi

Lait

Lait végétal

Lapin

Légumes

Lentille

Vincent Amiel remercie :
Marie Battezzati Assistante styliste culinaire
Boutique Merci 111 bd Beaumarchais 75003 Paris
Boutique La Trésorerie 11 rue du château d'eau 75010 Paris
Margot L'homme Ceramiste
Jars Ceramiste

58, rue Jean Bleuzen 92170 Vanves

Photographies : © Valéry Guédes
Stylisme : © Vincent Amiel ; © Natacha Arnoult pour les recettes d'entrées pages 13/19/37/65, des plats pages 19/37/47 et des desserts pages 27/31/39/65.
Conception graphique : Sophie Villette
Mise en page : Graph'M
Relecture : Natacha Kotchetkova
7042814
ISBN : 978-2-501-12522-2
Dépôt légal : septembre 2017
Achevé d'imprimer sur les presses de TOPPAN en mai 2017.

Entrée

Salade de crevettes façon thaïe p. 14

+

Plat

Lentilles corail au merlu p. 20

+

Dessert

Flan perlé aux poires p. 24

SOMMAIRE

LASSI AU CONCOMBRE

4 personnes

10 min
+ 4 h (repos)

1 Peler et retirer les graines du concombre.

2 Verser le yaourt, le concombre, la menthe et l'échalote émincée dans le bol d'un mixeur. Saler, poivrer généreusement et mixer. Vérifier l'assaisonnement.

3 Réserver au froid pendant au moins 4 h. Servir très frais.

ENDIVES EN TARTIFLETTE

4 personnes

15 min

25 min

1 Rincer puis couper les endives en deux. Découper un cône à la base de chaque moitié d'endive pour enlever la partie amère.

2 Chauffer la margarine dans une sauteuse antiadhésive, ajouter les échalotes et les endives. Faire revenir 5 min : retourner les endives à mi-cuisson. Saupoudrer de fond de veau, arroser d'eau citronnée, couvrir et laisser cuire 15 min à feu doux.

3 Préchauffer le four à 220 °C (th. 7/8). Couper les tranches de jambon en deux. Mettre les demi-endives côte à côte dans un plat à gratin antiadhésif, les recouvrir des demi-tranches de jambon puis des tranches de fromage. Enfourner pour 5 min. Servir bien chaud.

FRUITS FONDANTS

4 personnes

15 min

6 min

1 Peler les pommes, les couper en quartiers réguliers après avoir enlevé le cœur et les pépins. Les mettre dans un plat en verre culinaire avec les mirabelles, asperger de jus de citron et de 4 CS d'eau. Couvrir et cuire 4 min au four à micro-ondes. Réserver dans le récipient.

2 Peler et couper les bananes en rondelles. Détacher les quartiers de la clémentine, enlever les membranes blanches. Chauffer le beurre dans une sauteuse antiadhésive, y faire revenir les fruits 1 min de chaque côté, saupoudrer de sucre à mi-cuisson pour faire légèrement caraméliser.

3 Égoutter les quartiers de pomme et les mirabelles dans une passoire. Les répartir dans 4 verrines en alternant avec les rondelles de banane et les quartiers de clémentine. Déguster tiède ou froid.

Le marché

- 1 concombre
- 250 g de yaourt brassé
- 12 feuilles de menthe
- 1 belle échalote
- Sel, poivre

Le marché

- 200 g de feuilles d'oseille
- 1 pomme de terre (100 g)
- 1 oignon blanc (100 g)
- 1 cc de margarine à 60 %
- 1,5 l d'eau froide
- 1 cube de bouillon de volaille
- 4 CS de crème épaisse
- 4 brins de cerfeuil
- Poivre

CONSOMMÉ DE LÉGUMES

4 personnes

15 min

15 min

1 Peler et hacher finement l'oignon. Chauffer la margarine dans un poêlon antiadhésif, y faire suer l'oignon 1 min, déposer les légumes et remuer 2 min. Saupoudrer de fond de veau, verser l'eau et laisser cuire 10 à 12 min à feu moyen. Rectifier l'assaisonnement en sel et poivrer. Égoutter et réserver le bouillon.

2 Verser une petite louchée de légumes au fond de 4 verres. Répartir les dés d'épaule. Compléter par une petite louchée de bouillon. Décorer d'une feuille de persil.

Réaliser la brunoise de légumes en détaillant en petits dés de 5 mm courgette, navet blanc et carotte ou bien utiliser de la brunoise de légumes prête à l'emploi.

Le marché

- 1 oignon (50 g)
- 1 cc de margarine à 60 %
- 400 g de brunoise de légumes (courgette, navet blanc, carotte)
- 1 cc de fond de veau
- 1 l d'eau chaude
- 150 g de dés d'épaule découennée, dégraissée
- 4 feuilles de persil plat
- Sel, poivre

VERRINES D'AUBERGINE AU JAMBON

4 personnes

10 min

18 min

1 Préchauffer le four à 180 °C (th. 6). Peler l'aubergine, la détailler en petits cubes, saler et poivrer, et faire cuire 3 min en autocuiseur. Égoutter. Couper le jambon en petits morceaux.

2 Mixer les œufs avec la fécule de maïs, la pulpe d'aubergine, le jambon et le basilic. Saler légèrement, poivrer et mélanger.

3 Verser la préparation dans 4 timbales d'une contenance de 15 cl, préalablement huilées. Faire cuire au four 12 à 15 min, dans un bain-marie d'eau tiède. Attendre 5 min avant de déballer. Déguster froid.

Accompagner d'une sauce tomate.

Le marché

- 500 g d'aubergine
- 2 tranches de jambon blanc dégraissé (100 g)
- 3 petits œufs
- 1 CS de fécule de maïs
- 1 cc de basilic
- 1 cc d'huile d'olive
- Sel, poivre

SALADE DE CREVETTES FAÇON THAÏE

4 personnes

15 min

1 Préparer une vinaigrette en mélangeant la bière, le vinaigre, la sauce soja et l'huile.

2 Râper le chou. Peler la mangue et l'émincer en fines tranches. Hacher la coriandre. Mélanger le tout avec l'alfafa. Répartir dans des ramequins, parsemer de crevettes, arroser de vinaigrette. Réserver au froid en attendant de servir.

3 Juste avant de servir, saupoudrer de cacahuètes.

Le marché

- 8 cl de bière sans alcool
- 2 CS de vinaigre de cidre
- 5 cc de sauce soja
- 2 cc d'huile de sésame
- $\frac{1}{6}$ de chou blanc
- 1 mangue
- 3 CS de coriandre fraîche
- 60 g d'alfafa
- 150 g de crevettes décortiquées
- 25 g de cacahuètes grillées

CONCOMBRE FAÇON MIMOSA

4 personnes

15 min

9 min

1 Mettre les œufs dans une petite casserole remplie d'eau salée et porter à ébullition. Laisser frémir pendant 9 min, refroidir les œufs aussitôt dans de l'eau froide puis les écaler. Pendant la cuisson des œufs, peler les concombres et les couper en tronçons de 5 cm de hauteur. Les creuser sans ôter le fond. Retourner et laisser dégorger.

2 Émincer la ciboulette et l'aneth. Détailler le blanc des œufs en petits cubes, écraser le jaune avec la mayonnaise et le yaourt. Saler, poivrer, ajouter le curry, les herbes et les cubes de blanc d'œuf. En remplir les concombres. Servir bien froid.

Le marché

- 2 gros œufs
- 2 petits concombres
- 10 brins de ciboulette
- 1 CS d'aneth
- 4 cc de mayonnaise
- 30 g de yaourt brassé à 0 %
- 1 cc de curry
- Sel, poivre

SALADE À L'INDIENNE

4 personnes

15 min
+ 3 h (repos)

20 min

1 Couper les pommes de terre en cubes d'environ 2 cm de côté et les rincer. Détacher les fleurettes de chou-fleur en petits bouquets. Faire cuire à la vapeur pendant environ 20 min.

2 Émincer le vert de poireau. Mélanger avec le yaourt, le curry, la menthe ciselée et le jus de citron. Saler, poivrer.
Vérifier la cuisson des pommes de terre et du chou-fleur.
Les mélanger avec la préparation au yaourt.

3 Monder les tomates, les évider et couper la chair en cubes. Mélanger à la salade. Réserver au frais pendant au moins 3 h.

Le marché

- 300 g de pommes de terre
- 5 bouquets de chou-fleur
- 5 cm de vert de poireau
- 150 g de yaourt brassé
- 2 cc de curry
- 8 feuilles de menthe
- 1 citron
- 3 tomates
- Sel, poivre

CRÈME D'ÉPINARDS

4 personnes

15 min

10 min

1 Faire chauffer la margarine et 5 cl d'eau dans une grande sauteuse. Ajouter les épinards décongelés et égouttés, les échalotes émincées et l'ail écrasé. Saler, poivrer. Faire cuire à feu modéré pendant 5 min.

2 Verser le lait et ajouter le cube de bouillon émietté. Porter à ébullition puis laisser frémir pendant 5 min. Ajouter la muscade râpée et mixer. Rectifier l'assaisonnement et servir chaud.

Le marché

- 1 CS de margarine à 60 %
- 200 g d'épinards surgelés
- 2 échalotes
- 2 gousses d'ail
- 65 cl de lait végétal (avoine)
- ½ cube de bouillon de légumes
- ½ cc de muscade râpée
- Sel, poivre

RADIS FAÇON RÉMOULADE

4 personnes

15 min
+ 2 h (repos)

1 Nettoyer les radis, couper les racines et les fanes. Les émincer finement à la mandoline en les poussant précautionneusement du plat de la paume et non avec les doigts.

2 Mélanger l'entremets au soja avec la mayonnaise, la moutarde, les herbes hachées et le vinaigre. Saler, poivrer. Verser sur les radis et mélanger. Réserver au frais de préférence au moins 2 h avant de déguster.

Le marché

- 2 bottes de radis
- 100 g d'entremets au soja
- 4 CS de mayonnaise allégée
- 4 cc de moutarde à l'ancienne
- 8 cc d'herbes (ciboulette, persil)
- 2 cc de vinaigre
- Sel, poivre

SOUPE PERLÉE AUX PETITS LÉGUMES

4 personnes

20 min

20 min

1 Émincer finement les légumes. Les mettre dans une casserole avec 80 cl d'eau, le bouillon, la citronnelle. Saler, poivrer légèrement.

2 Faire cuire à couvert pendant 20 min. Ajouter les pâtes 2 min avant la fin de la cuisson. Répartir dans des récipients creux, parsemer d'herbes. Servir aussitôt.

Le marché

- 1 carotte
- 10 cm de vert de poireau
- ⅓ de branche de céleri
- 4 champignons de Paris
- ½ cube de bouillon
- 1 cc de citronnelle séchée
- 60 g de pâtes à potage (perles)
- 4 cc coriandre
- Sel, poivre

TIMBALE VERTE AU PAMPLEMOUSSE

4 personnes

15 min

6 min

1 Faire cuire les fèves à l'eau bouillante salée pendant 6 min.
Les refroidir à l'eau glacée et les égoutter soigneusement.
Les mixer avec la crème puis saler, poivrer. Ajouter 40 g de roquette et mixer en quelques impulsions.

2 Peler à vif le pamplemousse et prélever les quartiers.

3 Sur chaque assiette, former un disque de purée (à l'aide d'un cercle), déposer les quartiers de pamplemousse et le reste de roquette en créant du volume. Verser un trait de concentré de pamplemousse, l'huile puis saler, poivrer et saupoudrer de curry. Servir aussitôt.

En saison, remplacer la roquette disposée sur la purée par 8 asperges vertes, émincées dans la longueur et blanchies à l'eau bouillante salée pendant 2 min.

Le marché

- 240 g de fèves pelées décongelées
- 4 cl de crème à 4 %
- 60 g de roquette sauvage
- 1 pamplemousse
- 6 cc de jus concentré de pamplemousse
- 4 cc d'huile de noisette
- 1 cc de curry (facultatif)
- 1 cc de fond de veau
- Sel, poivre

MOUSSE DE JAMBON AU PIMENT D'ESPELETTE

4 personnes

15 min
+ 30 min (repos)

1 Couper les tranches de jambon en fines lanières, les mettre dans le bol d'un petit robot avec le concentré de tomates et la crème. Mixer finement. Débarrasser dans un bol, ajouter les portions de fromage frais et 1 pincée de piment d'Espelette, bien malaxer à l'aide d'une fourchette. Rectifier l'assaisonnement en sel.

2 Répartir la préparation dans 4 verrines. Filmer et réserver au frais au moins 30 min.

Servir avec des bâtonnets de crudités ou une tranche de pain grillée (à comptabiliser).

Le marché

- 4 tranches de jambon blanc, découenné, dégraissé (200 g)
- 2 CS de concentré de tomates
- 4 CS de crème liquide à 5 %
- 75 g de fromage frais type demi-sel à 0 %
- 1 pincée de piment d'Espelette
- Sel

POTIRON EN CAPPUCCINO DE CHÈVRE

4 personnes

15 min

10 min

1 Éplucher et couper le potiron en cubes. Peler et émincer l'oignon. Mettre les ingrédients dans un autocuiseur avec l'eau, le lait concentré, le cube de bouillon émietté et 1 pincée de cumin. Porter à ébullition et mélanger. Fermer hermétiquement et cuire 8 min à la vapeur. Laisser tiédir un peu, ouvrir et mixer au mixeur plongeant. Rectifier l'assaisonnement en sel et poivrer.

2 Réserver 5 cl de velouté dans une petite casserole. Répartir le reste dans 4 verrines de 20 cl, jusqu'aux trois quarts. Ajouter le fromage de chèvre dans la casserole, faire chauffer 2 min à feu doux tout en remuant. Hors du feu, mixer au mixeur plongeant. Monter le blanc d'œuf en neige et l'incorporer. Verser cette mousse dans les verrines. Décorer de graines de cumin. Servir de suite.

Le marché

- 1 tranche de potiron (500 g)
- 1 oignon jaune (100 g)
- 10 cl d'eau
- 80 g de lait demi-écrémé concentré non sucré
- ¼ de cube de bouillon
- 1 pincée de cumin moulu
- 100 g de chèvre frais
- 1 blanc d'œuf
- Graines de cumin
- Sel, poivre

RÂPÉ TERRE & MER

4 personnes

10 min
+ 30 min (repos)

1 Peler et rincer les carottes, les couper en morceaux et les râper avec une grille à gros trous. Verser le râpé dans un saladier. Ajouter le râpé de la mer et mélanger.

2 Dans un bol, fouetter le yaourt, le jus d'orange, l'huile et les herbes ciselées. Saler et poivrer. Verser l'assaisonnement sur le mélange précédent et remuer. Filmer et réserver au frais 30 min. Au moment de servir, incorporer les feuilles de coriandre entières.

Remplacer éventuellement la coriandre par quelques feuilles d'aneth.

Le marché

- 400 g de carottes
- 100 g de râpé de la mer
- ½ yaourt nature à 0 %
- 2 CS de jus d'orange pressée
- 4 cc d'huile d'olive
- 1 CS de coriandre ciselée + 10 feuilles entières
- 1 CS de ciboulette ciselée
- Sel, poivre

TOMATES FARCIES À CRU

4 personnes

15 min
+ 15 min (repos)

1 Dans un bol, mélanger les petits-suisses, l'huile, le jus de citron et la ciboulette ciselée, saler et poivrer. Égoutter le maïs et l'incorporer.

2 Rincer les tomates, couper un chapeau aux deux tiers. Les évider à 2 cm de la paroi sans les transpercer. Les saler et les retourner, réserver. Récupérer la chair prélevée, la couper en dés, les égoutter et les ajouter dans la préparation petits-suisses/maïs.
Réserver au frais 15 min.

3 Peler le concombre, le détailler en 8 bâtonnets de 6 cm de long. Disposer les tomates évidées sur un plat tapissé de feuilles de salade. Les remplir de la préparation petits-suisses/maïs. Piquer les bâtonnets de concombre et les brins de ciboulette coupés en quatre.

Le marché

- 4 petits-suisses à 0 %
- 2 cc d'huile d'olive
- 1 CS de jus de citron
- 2 CS de ciboulette ciselée + 4 brins entiers
- 1 petite boîte de maïs en grains (140 g)
- 4 tomates rondes à farcir de 200 g
- ½ concombre
- 4 feuilles de scarole
- Sel, poivre

MÉLI-MÉLO DE COURGETTES ET FETA

4 personnes

10 min
+ 1 h (repos)

12 min

1 Peler l'oignon, le couper en fines lamelles, le verser dans un plat adapté au micro-ondes et faire cuire 2 min, puissance 750 W à 1 000 W.

2 Laver les courgettes, ôter les extrémités, les couper en quatre dans le sens de la longueur puis en dés de 1,5 cm de côté. Ajouter les courgettes dans le plat et verser l'huile d'olive. Couvrir et faire cuire 10 min, puissance 750 W à 1 000 W.

3 Presser le citron, verser le jus sur les courgettes. Saler, poivrer et mélanger délicatement. Couvrir et faire macérer 1 h au frais. Ajouter la feta coupée en cubes réguliers. Laver, ciseler la menthe et en parsemer la salade. Servir frais.

Le marché

- 1 oignon
- 600 g de courgettes
- 1 citron
- 120 g de feta allégée
- 4 branches de menthe
- 6 cc d'huile d'olive
- Sel, poivre

RILLETTES CITRONNÉES DE SAUMON

4 personnes

20 min
+ 1 h (repos)

5 min

Faire cuire le saumon à la vapeur pendant 5 min. L'émietter et le mettre dans le bol d'un mixeur avec le saumon fumé, les pluches d'aneth, le jus de citron, le yaourt, les baies roses et du poivre. Mixer sans excès, rectifier l'assaisonnement et réserver au frais pendant au moins 1 h. Toaster les blinis. Servir avec les rillettes bien froides.

Le marché

- 140 g de filet de saumon
- 40 g de saumon fumé
- 2 CS d'aneth
- ½ citron
- 40 g de yaourt grec
- 1 CS de baies roses
- 8 petits blinis
- Sel, poivre

TORTILLA AUX OIGNONS

4 personnes

20 min

20 min

1 Émincer les oignons. Les mettre à fondre dans une petite sauteuse antiadhésive de 18 cm de diamètre avec la margarine et 6 cl d'eau pendant 8 min. Saler, poivrer et parsemer de cumin en début de cuisson.

2 Battre les œufs avec la crème puis le fromage. Saler, poivrer. Quand le liquide dans la sauteuse a disparu, verser les oignons dans les œufs. Mélanger et reverser dans la sauteuse. Faire cuire à feu très doux et à couvert pendant 6 min puis terminer la cuisson sous le gril du four. Servir dès que l'omelette est prise.

Accompagner de salade verte (à comptabiliser).

Le marché

- 3 oignons
- 10 g de margarine à 60 %
- 1 cc de cumin moulu
- 4 petits œufs
- 2 CS de crème à 4 %
- 30 g de fromage râpé
- Sel, poivre

BRUSCHETTA D'AUBERGINES AU SÉSAME

4 personnes

15 min

55 min

1 Envelopper les aubergines dans une feuille de papier d'aluminium. Faire cuire au four à 200 °C (th. 6/7) pendant 45 min. Il n'est pas nécessaire de préchauffer le four. Enfourner les tranches de pain après 25 min pour les toaster.

2 Dans un saladier, mélanger le coulis de tomates, le vinaigre, le tahin et l'ail écrasé. Saler, poivrer. Ouvrir les aubergines, en prélever la chair et retirer les graines. Concasser rapidement la chair des aubergines puis les mettre dans le saladier. Bien mélanger, rectifier l'assaisonnement et répartir sur le pain. Saupoudrer de sésame, remettre au four toujours à 200 °C (th. 6/7) pendant 10 min. Servir au sortir du four.

Le marché

- 2 aubergines
- 4 tranches de pain au sésame (de 25 g)
- 4 CS de coulis de tomates
- 2 CS de vinaigre balsamique
- 20 g de tahin (purée de sésame)
- 1 gousse d'ail
- 2 cc de graines de sésame
- Sel, poivre

VELOUTÉ FORESTIER

4 personnes

15 min

30 min

1 Mettre les champignons séchés dans une petite casserole avec le lait d'avoine. Saler, poivrer et faire cuire doucement, couvert aux trois quarts, pendant 10 min. Réserver à couvert.

2 Faire chauffer à feu vif les champignons surgelés dans une sauteuse avec la margarine, 3 cl d'eau, du sel et du poivre. Quand les champignons ont rendu leur eau, ajouter l'ail écrasé, les échalotes émincées et laisser cuire à feu doux pendant 3 min. Saupoudrer les champignons de farine et mélanger pendant 1 min. Verser le lait et porter à ébullition sans cesser de remuer. Laisser mijoter pendant 5 min. Hors du feu, ajouter les herbes, mixer et rectifier l'assaisonnement. Servir chaud avec quelques herbes en décoration.

Le marché

- 8 g de champignons séchés
- 80 cl de lait d'avoine
- 20 g de margarine à 60 %
- 200 g de champignons surgelés
- 2 gousses d'ail
- 2 échalotes
- 15 g de farine
- 4 CS d'herbes (cerfeuil, estragon)
- Sel, poivre

TARTARE DE COQUILLES SAINT-JACQUES ET CHAMPIGNONS

4 personnes

15 min
+ 50 min (repos)

1 Mettre les noix de saint-jacques pendant 20 min au congélateur pour les raffermir. Les sortir une par une et les trancher finement, perpendiculairement à la hauteur. Le plus facile est de poser une main sur la noix et d'appuyer légèrement dessus avec la paume tout en les taillant avec l'autre main.

2 Découper finement les têtes des champignons de Paris. Disposer en rosace sur des assiettes individuelles.
Répartir la ciboulette émincée. Arroser d'un trait de jus de citron, d'huile, saupoudrer de fleur de sel, de zeste de citron et de baies concassées. Réserver au froid pendant 15 à 30 min et servir.

Le marché

- 12 noix de saint-jacques (sans corail)
- 8 champignons de Paris
- ½ citron
- 4 cc d'huile de noix
- 6 tiges de ciboulette
- Fleur de sel, baies roses

PALETS DE CRABE

4 personnes

15 min

38 min

1 Faire cuire les pommes de terre à la vapeur pendant 20 à 30 min. Planter la lame d'un couteau pour vérifier la cuisson. Laisser refroidir avant de peler les pommes de terre puis de les écraser. Émincer finement le vert de poireau. Peler et râper le gingembre.

2 Réunir dans un saladier les pommes de terre, le poireau, le gingembre, le crabe, l'œuf, le ketchup et la mayonnaise. Saler, poivrer et mélanger. Mouler en palets et poser sur du papier sulfurisé. Faire cuire à la vapeur pendant 8 min.

Servir avec une salade de tomates bien épicée.

Le marché

- 150 g de pommes de terre
- 5 cm de vert de poireau
- 2 cm de gingembre
- 150 g de crabe (miettes ou chair)
- 1 œuf moyen
- 1 CS de ketchup
- 1 CS de mayonnaise allégée
- Sel, poivre

GAMBAS SAUTÉES À L'AIL ET À L'ESTRAGON

4 personnes

15 min
+ 3 h (repos)

2 min

1 Faire tiédir l'huile, ajouter l'ail écrasé puis la moitié des feuilles d'estragon froissées. Laisser infuser. Pendant ce temps, décortiquer les gambas en conservant le dernier anneau (au niveau de la queue). Inciser légèrement leur dos et tirer sur le boyau noir. Mélanger à la marinade. Réserver au froid pendant 1 à 3 h.

2 Faire chauffer une grande poêle à feu modéré, ajouter les gambas, les faire cuire pendant 30 secondes par face. Verser le whisky et flamber. Assaisonner, saupoudrer d'estragon haché et servir rapidement avec des quartiers de citron.

Le marché

- 2 CS d'huile
- 1 gousse d'ail
- 2 branches d'estragon
- 20 gambas (250 g) décortiquées
- 3 cl de whisky
- 1 citron
- Fleur de sel, poivre

CRUMBLE DE RATATOUILLE AU CHÈVRE

4 personnes

15 min

20 min

1 Concasser les olives. Réunir les olives, le fromage de chèvre, les fleurs de thym, la farine, la poudre d'amandes et la poudre à lever. Assaisonner de sel et de piment d'Espelette, puis malaxer jusqu'à obtenir une poudre grossière.

2 Préchauffer le four à 180 °C (th. 6). Répartir la ratatouille dans 1 plat à four ou 4 plats individuels. Saupoudrer la pâte à crumble et faire cuire pendant 20 min. Servir tiède.

Le marché

- 8 olives noires
- 40 g de chèvre frais
- 1 CS de fleurs de thym
- 40 g de farine complète
- 20 g de poudre d'amandes
- 1 pincée de poudre à lever
- 600 g de ratatouille cuisinée sans matière grasse
- Sel, piment d'Espelette

CONCASSÉE D'ARTICHAUTS AU FOIE GRAS, CROUSTILLANT D'AVOINE

4 personnes

15 min

15 min

1. Préchauffer le four à 180 °C (th. 6). Couper les artichauts en quartiers. Ajouter 8 cl d'eau, la liqueur, le vinaigre et 2 cc d'huile. Saler, poivrer et laisser frémir à demi-couvert jusqu'à totale évaporation (10 à 15 min).
2. Pendant ce temps, vaporiser d'huile les feuilles de brick. Les superposer et les couper en 12 triangles et les saupoudrer de son et d'épices. Les faire colorer au four pendant 15 min.
3. Répartir les artichauts tièdes sur les assiettes de service, disposer les croustillants de brick, et des copeaux de foie gras bien froid. Saupoudrer de sel et de poivre. Servir aussitôt.

Le marché

- 300 g de cœurs d'artichaut
- 4 cl de triple sec ou limoncello
- 3 CS de vinaigre de cidre
- 2 cc + 20 sprays d'huile
- 2 feuilles de brick
- 1 CS de son d'avoine
- 1 cc de 4 ou 5-épices
- 60 g de foie gras
- Fleur de sel, poivre

VERRINES BETTERAVE, AVOCAT, FETA

4 personnes

10 min
+ 15 min (repos)

1. Mettre les cubes de betterave dans un saladier. Les vaporiser d'huile et remuer. Réserver à température ambiante.

2. Peler et hacher l'oignon, le mettre dans le bol avec les petits-suisses égouttés, la ciboulette et 1 CS de jus de citron. Saler et poivrer, bien mélanger. Réserver au frais 15 min.

3. Peler et dénoyauter l'avocat, le couper en petits dés, les asperger de 1 CS de jus de citron. Répartir la préparation aux petits-suisses au fond de 4 verrines. Ajouter les cubes de betterave en intercalant quelques dés d'avocat. Émietter la feta sur le dessus. Décorer de coriandre ciselée.

Le marché

- 1 barquette de betterave rouge cuite, en cubes (500 g)
- 4 pulvérisations d'huile d'olive en spray
- 1 oignon blanc nouveau
- 2 petits-suisses à 0 %
- 2 CS de ciboulette surgelée
- 2 CS de jus de citron
- 1 petit avocat (200 g)
- 60 g de feta allégée
- 4 feuilles de coriandre
- Sel, poivre

BROCOLI AUX NOISETTES

4 personnes

10 min

6 min

1 Dans une casserole, porter une grande quantité d'eau salée à ébullition. Enlever les tiges du brocoli, séparer les bouquets, rincer ces derniers, puis les plonger dans l'eau bouillante. Faire cuire 5 min. Les égoutter et les verser dans un récipient d'eau glacée. Les égoutter dans une passoire, puis les réserver dans un plat creux.

2 Dans un bol, fouetter le yaourt avec l'huile et le jus de citron. Ajouter le persil, saler et poivrer, puis mélanger. Napper le brocoli de sauce au yaourt et mélanger.

3 Faire griller les noisettes à sec pendant 1 min dans une sauteuse antiadhésive, tout en remuant. Parsemer la salade de brocoli de noisettes grillées.

Le marché

- 1 brocoli (500 g)
- 1 yaourt brassé nature à 0 %
- 4 cc d'huile de noisette (ou de noix)
- 2 CS de jus de citron
- 2 cc de persil haché
- 40 g de noisettes concassées
- Sel, poivre

SALADE DU SUD-OUEST

4 personnes

15 min

1. Détacher les feuilles de la salade, les rincer et les essorer. Les mettre dans un saladier, asperger d'huile et de vinaigre, saler et poivrer. Parsemer de persil et mélanger. Répartir la salade dans 4 petits saladiers individuels.

2. Rincer et sécher les grains de raisin. Couper chaque tranche de jambon de Bayonne en 4 lanières, les enrouler autour des grains de raisin. Glisser les raisins enrubannés au fur et à mesure dans les saladiers. À l'aide d'un couteau économe, prélever de fins rubans dans le morceau de fromage. En décorer les salades.

Cette salade gourmande se prête à un repas festif. Selon la saison, remplacer les grains de raisin par des billes de melon.

Le marché

- 1 salade (batavia, lolo rossa)
- 4 cc d'huile de noix
- 1 cc de vinaigre de vin
- 2 CS de persil plat ciselé
- 16 grains de raisin noir
- 4 fines tranches de jambon de Bayonne découennées, dégraissées (60 g)
- 60 g de tomme des Pyrénées
- Sel, poivre

CRUDITÉS AUX POIS CHICHES

4 personnes

15 min
+ 10 min (repos)

1 Égoutter puis rincer les pois chiches, les mettre dans un saladier. Ébouillanter les tomates, les peler et les couper en dés.
Rincer le concombre, le peler partiellement en laissant 1 rayure de peau sur 2, le détailler également en petits dés.
Peler l'oignon, l'émincer en fines rondelles puis en petites lanières.
Mettre tous les ingrédients préparés dans le saladier et remuer.

2 Dans un bol, fouetter l'huile et le jus de citron avec le yaourt. Ajouter la menthe, saler et poivrer. Verser cette sauce sur la salade composée et remuer. Rincer et sécher les feuilles d'épinard, effeuiller la coriandre. Les incorporer dans la salade.
Réserver au frais 10 min avant de servir.

Le marché

- 200 g de pois chiches cuits
- 4 tomates en grappe
- 1 concombre
- 1 oignon blanc (100 g)
- 1 cc d'huile d'olive
- 1 cc de jus de citron
- ½ yaourt à la grecque (75 g)
- 1 CS de menthe ciselée
- 50 g de jeunes pousses d'épinard
- 4 brins de coriandre
- Sel, poivre

SALADE DE SAUMON FUMÉ, VINAIGRETTE D'AGRUMES

4 personnes

15 min

5 min

1 Dans une casserole, faire bouillir le jus de 1 pamplemousse, de 1 orange et du citron avec le vinaigre. Dès que le mélange réduit, ajouter l'huile d'olive, du sel et du poivre. Mixer l'ensemble pour émulsionner et laisser refroidir.

2 Rincer et essorer la salade. Émincer les feuilles, puis les déposer en chiffonnade dans un saladier.

3 Peler à vif 1 pamplemousse et 1 orange puis détacher les quartiers au couteau. Mélanger à la salade et répartir dans 4 assiettes. Décorer chaque assiette avec le saumon fumé taillé en lanières. Assaisonner avec la vinaigrette aux agrumes, puis servir.

Pour les moules, utiliser éventuellement des bols à thé ou à cidre.

Le marché

- 12 abricots secs (60 g)
- 5 cl de lait écrémé
- ½ cc d'extrait de vanille en poudre
- 1 cc de beurre doux à 41 %
- 3 CS de farine (60 g)
- ½ sachet de levure chimique
- 3 œufs moyens
- 4 cc de sucre
- 1 yaourt brassé nature (125 g)
- 1 sachet de sucre vanillé

CHEESECAKE AUX POMMES

4 personnes

15 min

30 min

1 Préchauffer le four à 210 °C (th. 7). Mélanger les jaunes d'œufs avec la farine, ajouter le yaourt, la ricotta, l'édulcorant et le sucre vanillé.

2 Peler puis émincer les pommes. Disposer les tranches de pomme au fond d'un moule antiadhésif ou en silicone de 20 cm de diamètre. Verser l'appareil sur les pommes. Enfourner 30 min. Laisser refroidir avant de servir.

Le marché

- 1 oignon
- 2 CS de curry
- 500 g de poulet découpé en fricassée
- 10 cl de lait de coco
- 1/3 de cube de bouillon de volaille
- 2 bananes vertes
- 8 CS de lentilles cuites
- 400 g de légumes (sans féculents) surgelés
- 6 cc de coriandre ciselée
- Sel, poivre

MÉDAILLON DE RAIE AU PISTOU DE CÂPRES

4 personnes

20 min

25 min

1 Préchauffer le four à 160 °C (th. 5/6). Saler, poivrer les ailes de raie et les disposer sur un plat à four. Couper les tomates cerises en deux, les répartir dans le plat. Arroser avec 1 CS d'huile. Faire cuire pendant 15 min.

2 Pendant ce temps, mixer ensemble les feuilles de basilic, le jus de citron, 2 CS d'huile, l'ail écrasé, 16 cl d'eau froide, 1 pincée de sel et de poivre. Quand la sauce est homogène, ajouter les câpres et mixer en quelques impulsions.

3 Faire cuire les pâtes selon les indications du paquet. En même temps, effeuiller la raie. Mélanger avec les tomates et un peu de sauce au basilic. Dresser sur les pâtes avec le reste de sauce.